AUX ÉLECTEURS

HABITANS

DES CAMPAGNES.

A PARIS,

Chez L'HUILLIER, Libraire,
Rue Dauphine, n° 56.

1824.

IMPRIMERIE DE SÉTIER,
Cour des Fontaines, n° 7.

AUX ÉLECTEURS

HABITANS

DES CAMPAGNES.

———

Le gouvernement représentatif, que la Charte a si heureusement consacré en France, a pour base, non l'intérêt particulier d'une famille ou de quelques classes privilégiées, mais les intérêts généraux de la nation, et ce sont ces intérêts que les députés des départemens sont appelés à faire connaître, à discuter, à défendre. Dans la somme des intérêts nationaux, l'intérêt de nos communes rurales et de leurs laborieux habitans tient une place immense : il doit être représenté. Sa défense doit être remise à des mains fidèles et sûres. Electeurs des campagnes, vous que le vertueux Sully, ce digne ami du bon Henri IV., appelait si justement *les pères nourriciers de la patrie*, voilà le mandat que vous êtes appelés à donner.

Votre amour pour la paix, le légitime orgueil que vous attachez à l'exercice de vos droits civiques, le désir de conserver un état de choses qui seul assure la prospérité de vos familles, tout vous fait une loi de concourir aux élections générales. Mais peut-être qu'éloignés des villes où les événemens politiques,

(4)

mieux connus, sont mieux appréciés ; exposés dans
votre isolement à des séductions plus faciles, plus
aisément abusés par de vains bruits, ignorant les
partis et leurs projets, vous hésitez sur les choix que
vous devez faire. Permettez donc à un homme
qui ne consulte que sa conscience et sa raison, de vous
exposer simplement les motifs qui doivent diriger le
vote que vous allez déposer dans l'u rn eélectorale.

En toutes choses, l'expérience est la meilleure
école. Fils de cultivateur, cultivateur moi-même,
c'est avec mes souvenirs que j'apprécie les intérêts
présents de nos communes rurales, et que je juge ce
qui nous est promis pour l'avenir. J'ai vu les temps
d'autrefois : j'ai vécu long-temps sous cet ancien régime, qu'on ne peut louer à moins d'être dupe, ou de
vouloir en faire.

J'ai appris à le connaître dans toutes ses par-
ties. Si chacun voulait, comme moi, reporter sa
pensée en arrière, et recueillir les leçons du passé, la
France serait sûre de son avenir ; car tout retour vers
ce qui fut jadis deviendrait à jamais impossible.

On vendit, il y a quelque temps, dans un château, le
mobilier trouvé après la mort du propriétaire, autrefois seigneur de son village. On exposa sur la table des
enchères des chaînes auxquelles pendaient des colliers
de fer. Les assistans se demandaient à quoi pouvait
servir cet attirail. Hélas ! c'était le carcan auquel le
bailli, valet de justice du seigneur, faisait attacher
les vassaux pour les moindres délits. Plus d'une fois
j'ai vu de malheureux paysans ainsi exposés au mi-
lieu de la place publique. Ils avaient tué sur leurs pro.

priétés quelques lapins de la garenne du seigneur, ou
quelques pigeons de son colombier , qui nuisaient à
leurs récoltes : voilà leur crime ; le bailli exerçant la
justice aux gages du seigneur : voilà leur juge. O
mes amis! que cette infâme relique des anciens temps
vous fasse apprécier les avantages du régime actuel.
Aujourd'hui , plus de tribunal où le magistrat soit
en même temps juge et partie; plus de tribunal où
le paysan soit sans défense contre son seigneur ; plus
de priviléges, plus de seigneurs ; loi égale pour tous,
magistrats indépendants , voilà ce que proclame la
Charte : bénissons ses bienfaits.

Électeurs des campagnes, qui pouvez par le choix de
vos mandataires concourir si efficacement à maintenir
ce qui est , et à prévenir le retour des anciens abus ,
rappelez-vous quel était pour nous cet ancien régime ,
source impure de tant de préjugés injustes et de tant
de priviléges odieux. Combien n'avait-on pas avili
notre position dans la société que nous nourrissons ;
comme nos pères étaient humiliés ! Les derniers
valets du château imitaient envers nous les méprisants
dédains de leurs maîtres : ils croyaient déroger s'ils
dînaient avec un paysan à la table de l'office.

Les lois avaient consacré l'injustice de ces préjugés ;
les sujétions les plus avilissantes nous étaient impo-
sées. Les plus étroites dépendances nous enchaînaient.
Nos terres que nous arrosions de nos sueurs , nous
n'en avions pas la propriété absolue. Il fallait recon-
naître des propriétaires au-dessus de nous, payer des
rentes, faire des services, subir des corvées arbitraires, accomplir en un mot tous les devoirs du

vasselage. Si, sur ses vieux jours, un laboureur voulait acheter quelque domaine du fruit de ses épargnes, c'était pour les agens fiscaux du seigneur une occasion de funestes exactions : il fallait qu'il payât reliefs et treizièmes, et encore son acquisition n'était-elle pas définitivement assurée; car, pendant l'an et jour, le seigneur pouvait, au moyen du retrait féodal, dissoudre le contrat, et annuller à son profit la vente.

Nous n'osions entreprendre le défrichement des terrains incultes, perfectionner la culture ou multiplier nos troupeaux; car, au moment de recueillir le produit de nos soins et de nos avances, le décimateur se présentait pour prendre sa part du profit, lorsqu'il n'avait pas pris sa part de la peine; et, dans ce partage injuste, il ne nous revenait le plus souvent que la peine; d'autres consommaient dans l'oisiveté et la corruption ce que nous produisions laborieusement.

Il ne nous était pas permis de nous délasser de nos rudes travaux par le plaisir de la chasse ou de la pêche. La pêche et la chasse étaient des plaisirs réservés aux seigneurs; et que ces plaisirs nous coûtaient cher! La meute, les piqueurs, les chevaux, la suite et tout l'attirail du seigneur traversait et dévastait nos champs. Les bêtes de ses garennes, qui avaient aussi leurs priviléges, détruisaient nos récoltes; et malheur au paysan qui eût osé se plaindre!

Du reste, nous retrouvions partout dans la société les préjugés qui nous accablaient dans nos campagnes. Nos filles, auxquelles la loi n'accordait qu'une mince légitime, ou même qu'un chapeau de roses pour dot, étaient réduites à l'alternative de contracter des unions mal assorties, ou d'aller, sans vocation, s'enfermer dans des cloîtres. Nos fils puînés voyaient se fermer devant eux toutes les carrières libérales, et jusque sous les drapeaux où la valeur seule devrait toujours donner des rangs, ils étaient poursuivis par les priviléges de la noblesse. Les roturiers vieillissaient, quelque fut leur courage ou leur bonne conduite, dans les derniers grades de l'armée ; l'avancement et les décorations étaient exclusivement réservés aux nobles.

Enfin, telles étaient à l'égard de nous autres roturiers, paysans, vilains, *gens taillables et corvéables à merci*, les injustices de l'opinion et des lois, qu'un écrivain, plein des idées aristocratiques de son temps, a dit naïvement (et c'était une image fidèle de l'état de la société) que les nobles étaient la *race d'Abel*, les enfans *d'élection de Dieu*, tandis que nous autres nous n'étions que la race proscrite de *Caïn*. Ainsi allait le monde, et nos oppresseurs avaient ainsi, en quelque sorte, voulu associer le Ciel à l'injuste absurdité de leurs préjugés et de leurs institutions.

L'abolition du régime féodal, et de tous les abus qui l'accompagnaient, a seul mis un terme à l'asservissement des campagnes. La liberté a fécondé nos champs et nos troupeaux. Les terres se sont divisées entre un plus grand nombre d'individus. Les fermiers sont devenus propriétaires. Les propriétaires ont été affranchis des conditions dures ou humiliantes sous lesquelles ils possédaient. De là les immenses progrès de la culture. Plus de droits seigneuriaux, plus de dîmes, et, par-là même, moins de terres en friche, et plus de bénéfices pour le laboureur.

Plus riches, nous sommes plus heureux et plus considérés. Les esprits se sont éclairés. On ne dit plus tout haut que le travail déshonore, et que c'est vivre noblement, que vivre sans rien faire. On a reconnu quel était dans l'état l'importance de l'agriculture, et des hommes laborieux qui y consacrent leurs soins et leurs capitaux. L'estime publique s'est attachée au travail qui produit pour la société, et non à l'oisiveté qui dépense, consomme et s'avilit dans la corruption des villes et des grandeurs. On honore l'homme industrieux qui ne doit qu'à lui-même sa fortune et sa considération ; on méprise le courtisan qui vit du prix de ses bassesses. Un laboureur sur ses pieds est plus grand qu'un gentilhomme sur ses genoux.

Les lois sont devenues égales pour tous les citoyens. Nous ne craignons plus de plaider contre nos ci-devant seigneurs, lorsque nous avons la bonne cause. Nous n'avons plus à redouter le tribunal d'un bailli dont la conscience, prise à ferme par le seigneur, ne rendait la justice qu'au gré de son bon plaisir ou de son intérêt.

Dans nos bourgs et dans nos villages, plus d'administration ou plutôt plus de tyrannie féodale. La police de nos communes nous a été ou devrait nous être remise. Les maires et les conseils municipaux sont choisis parmi les principaux cultivateurs, ou du moins tel est le vœu des lois. Et enfin, ce qui assure (si nous le voulons) la conservation de tous ces avantages, c'est que nous pouvons être appelés aujourd'hui à donner nos voix pour l'élection des députés qui doivent représenter la France et défendre ses intérêts, et le vote d'un *vilain* pèse autant dans l'urne électorale que celui d'un *marquis* qui se dit aussi noble que le Roi.

Voilà, mes chers collègues, les bienfaits du nouveau régime que la révolution de 1789 a donné à la France, et que la Charte a reconnu et consacré. Voilà ce qu'il faut aujourd'hui maintenir et *défendre*.

Il faut *défendre* ces avantages si légitimes et si nécessaires à notre prospérité ; car, en y réfléchissant comme moi, vous verrez bien qu'ils sont attaqués, et qu'on cherche à nous les ravir, du moins en grande partie.

Ici j'en appèle à votre expérience de tous les jours. Ne voyez-vous pas dans nos campagnes les propriétaires qui furent autrefois seigneurs, supporter impatiemment d'être aujourd'hui les égaux de ceux dont ils étaient autrefois les maîtres ? ne les entendez-vous pas toujours critiquer avec humeur le temps présent et louer avec complaisance les douceurs de l'ancien régime ? ne voyez-vous pas à chaque instant percer dans leurs propos et dans leurs actions, le dépit de voir aujourd'hui propriétaires aisés et indépendants ceux qui jadis n'étaient que leurs fermiers ou leurs vassaux ? quelques uns n'affectent-ils pas de prendre, dans tous les contrats qu'ils font, les titres de MESSIRE, de SEIGNEUR de....? à l'église n'exigent-ils pas l'encens, l'eau bénite, le banc d'honneur lors-même qu'ils ne remplissent dans la com-

mure aucune fonction publique ?.... Mes amis, vous
riez aujourd'hui d'une vanité qui n'a de pâture que
dans des mots et des priviléges sans valeur. Vous
avez raison d'en rire, car le ridicule doit-être la pre-
mière punition de la sotise. Mais néanmoins, ré-
fléchissez-y, ces dénominations qu'on exige de la complaisance d'un notaire, ces vaines prérogatives qu'ou
usurpe, sont, dans l'esprit de ceux qui s'en déco-
rent, un acheminement vers des prétentions sérieuses.
Ils veulent vous accoutumer d'abord aux mots afin
de vous amener insensiblement aux choses que ces
mots indiquent et rappellent.

Et ne sont-ce pas en effet ces mêmes hommes qui
saisissent si volontiers toutes les occasions, tous les
moyens de faire acte d'autorité dans nos communes ?
n'ont-ils pas fait souvent destituer les maires, les percepteurs et jusqu'aux gardes-champêtres ? ne se sont-
ils pas fait nommer maire, afin que l'exercice de cette
charge leur présentât quelqu'image de leurs anciens
droits de seigneurie, ou n'ont-ils pas fait nommer
maires leurs fermiers afin de pouvoir faire agir à
leur volonté ces fonctionnaires, trop semblables,
par leur dépendance, aux subalternes baillis d'autrefois ? Enfin, quel est celui d'entre vous qui n'a pas eu
plus d'une fois à se plaindre de leurs procédés ou de
leurs dédains ?

Ouvrez les yeux : interrogez votre expérience jour-
nalière, tout vous dira ce que vous avez à craindre
de ces hommes.

A l'œuvre on connaît l'ouvrier : ce que vous voyez
chaque jour dans nos campagnes doit vous faire de-

viner une partie de leurs desseins. Mais ces hommes appartiennent à un parti qui veut anéantir les salutaires dispositions de la Charte, et nous ramener tous les abus de l'ancien régime. Car ceux qui devaient à ces abus richesses, autorité, considération, n'ont pas cessé de les regretter et de travailler à les rétablir.

Or ce parti a ses docteurs qui, dans leurs journaux et dans leurs livres, annoncent chaque jour les changemens qu'ils méditent. Écoutez, électeurs des campagnes, écoutez ce que projètent les incorrigibles partisans de l'ancien régime. Quand vous connaîtrez entièrement leurs vues, vous verrez si vous devez vous décider à envoyer leurs hommes à la chambre des députés, afin de mettre à exécution, à vos dépens et à votre détriment, leurs projets funestes.

D'abord, le parti de l'ancien régime veut remettre aux grands propriétaires ruraux les attributions judiciaires qui sont aujourd'hui exercées par les juges de paix. C'est une manière de rétablir les justices seigneuriales et leurs abus; car, dans la plupart de nos communes, les anciens seigneurs étant demeurés propriétaires de domaines considérables, on leur attribuera ces fonctions; et alors facile à eux de vous vexer à leur gré dans vos professions, facile à eux de faire revivre toutes les prétentions arbitraires de leur vanité ou de leur ambition.

Les lois nouvelles sur le partage des successions, prenant la nature pour règle, ont reconnu les mêmes droits à tous les enfans d'un même père. Nous avons tous apprécié les avantages de ce régime d'égalité. Tous les enfans travaillent de concert à l'accroisse ment de la fortune du père commun : parce que tous sont intéressés à la prospérité d'une chose dont une part égale doit revenir à chacun : tous sont unis entre eux ; car aucun motif d'intérêt ne les divise. Eh bien ! cette loi si sage et si bienfaisante, les hommes de l'ancien régime veulent la changer pour rétablir entre les enfans les priviléges odieux de l'aînesse et de la masculinité. Si vous ne repoussez pas ce projet par le choix de députés du parti contraire, les cadets et les filles se regarderont désormais comme étrangers dans la maison paternelle ; ils ne voudront plus concourir par leurs soins et leurs travaux à l'accroissement et au maintien d'une fortune qui ne serait plus également réservée à tous. La désunion se mettra dans les familles ; car on ne verra plus dans les aînés que des rivaux injustement privilégiés ; et enfin l'on verra se recomposer dans nos campagnes ces grandes propriétés dont la division et le morcellement ont assuré la prospérité de tant de familles et ont fait faire de si heureux progrès à l'agriculture.

Vous vous plaignez que le préfet nomme et destitue vos maires sans prendre en considération le vœu des citoyens. Vous vous plaignez de ne pouvoir élire vous-mêmes ceux qui doivent gérer les intérêts communs ; car il résulte de cet état de choses que le maire et les conseillers municipaux, qui ne sont pas choisis par la commune, s'occupent moins des véritables intérêts de la commune que de satisfaire aux volontés du préfet ou des anciens seigneurs dont ils sont les créatures, et qu'ils votent des fonds pour des choses inutiles ou sans intérêt pour vous ; tandis que vos chemins vicinaux, vos écoles, vos halles, vos presbytères, et même vos églises, manquent des réparations nécessaires : Eh bien! si vous votez pour les hommes de l'ancien régime, non-seulement ce système ne sera pas réformé, mais il s'agravera encore; car une loi sur l'organisation des communes doit être présentée aux chambres; et ces hommes ont un projet qui doit vous rendre plus étrangers que jamais à la gestion des revenus et à l'administration de vos communes.

En défendant vaillamment la patrie, nos fils ont pu obtenir enfin le prix de leurs services, leurs grades et leurs décorations font l'honneur de vos jours. Cet honneur vous le devez aux principes d'égalité, qui, depuis la révolution, ont réglé l'avancement dans la carrière militaire. Ces principes ont été récemment consacrées dans une loi, qui est l'œuvre d'un maréchal de France, dont le bras et les veilles ont été également utiles à la patrie, et qui a aussi bien servi son prince sur le champ de bataille, que dans le conseil. Eh bien cette loi a toujours été attaquée par les hommes de l'ancien régime, et s'ils triomphent dans la lutte électorale, ils se promettent de la détruire, car ils veulent sans doute que comme autrefois, la noblesse seule ait droit aux honneurs et aux décorations militaires.

La liberté donnée au commerce et à l'industrie a fait naître l'émulation : delà les immenses progrès de l'industrie et du commerce. Delà, la prospérité et la multiplication des usines et des fabriques. Cette prospérité et ces progrès de la classe manufacturière, se sont bientôt communiqués à la classe agricole, en ouvrant aux productions de nos campagnes, des débouchés plus faciles et plus avantageux, et à leur population de nouveaux moyens d'existence. Au lieu de ces couvens, où l'oisiveté des moines était si grassement nourrie, et qui semblaient frapper de stérilité les vastes terres de leur dépendance, parce qu'aucune nécessité n'invitait leurs indolents proprié-taires à les défricher ou à en améliorer la culture, nous avons vu s'élever de nombreuses manufactures, où les cultivateurs trouvent le placement de leurs lins de leurs laines et de leurs autres produits, tandis que les vieillards, les femmes et les enfans qui ne peuvent travailler à la terre, y trouvent un préservatif contre les dangers de la fénéantise, et obtiennent d'un tra-vail honnête un pain, que jadis ils eussent été réduits à mendier. Eh bien nous serons privés pour l'avenir de ces avantages, car les hommes de l'ancien régime veulent rétablir pour le commerce et contre l'industrie les maîtrises et les jurandes, c'est-à-dire qu'on veut étouffer la liberté qui en est l'âme pour faire revivre des priviléges et des prohibitions qui feront bientôt tarir cette source féconde de la prospérité nationale.

Vous voudriez voir diminuer les impôts qui vont croissant chaque année à mesure que dans la chambre; s'augmente le nombre des hommes de l'ancien régime. Eh bien si vous votiez pour eux, il faudrait vous apprêter à voir le percepteur, enfler encore la cote de vos contributions, car les émigrés veulent VINGT-CINQ MILLIONS d'indemnités en rente sur l'état, et les jour-naux de leur parti annoncent sans détours que ce sera dans la prochaine session, un des premiers pro-jets de loi que présentera le ministère.

C'est ainsi qu'aux dépens de nos bourses, déjà à demi épuisées par tant de subventions, et par ces éternels centimes additionnels, on veut enrichir la noblesse qui pourtant, à voir les domaines qu'elle possède encore dans nos campagnes, paraît pouvoir se passer d'un semblable secours. Le clergé doit aussi avoir sa part au gâteau. On veut rendre aux curés les registres de l'état civil, et aux jésuites l'éducation de la jeunesse. Électeurs protestans, songez-y; il y va de la conservation de vos droits de citoyen..... Nous tous à qui la liberté des cultes est chère, nous qui ne voulons gêner aucune conscience, nous qui avons vu dans ces dernières années des refus arbitraires de sépulture, des tracasseries pour les mariages et les baptêmes, et les maires tant de fois gênés par les curés dans l'exercice de leurs fonctions, nous devons, en même temps que nous environnons de tous nos respects les ministres de l'église, désirer et faire qu'ils ne quittent pas l'autel pour vaquer à des soins qui les enlèveraient à leur saint ministère, et qui pourraient accoutumer leurs âmes aux ambitions ou aux passions mondaines.

Surtout, puisqu'on affiche si ouvertement des volontés qui ne favorisent que les intérêts de la noblesse et du clergé, nous devons résister de tous nos efforts à de pareils projets, car, ils pourraient amener, tôt ou tard, directement ou indirectement, le rétablissement de ces deux ordres sous lesquels gémissait autrefois la France, et nous réduire nous-même à n'être plus que les *gens du tiers état, vilains taillables etc. corvéables à merci, et à miséri-*

corde, tandis que la Charte a proclamé tous les Français égaux devant la loi.

Tels sont, Electeurs des campagnes, les projets qu'annoncent hautement les hommes de l'ancien régime. Le vote que vous allez donner les adopte ou les rejette, choisissez.

Votre choix ne saurait être douteux : conservez les avantages du présent, évitez le retour des anciens abus. Voilà votre vœu unanime. Le moment est venu de le manifester avec énergie.

Ne laissez pas échapper ce moment décisif, car, vous le savez sans doute et c'est encore là un des projets du parti ennemi de nos libertés. C'est par-là qu'il commence son attaque contre la Charte, au mépris de la disposition de la Charte, qui veut que la chambre des députés soit renouvelée chaque année par cinquième, on doit prolonger pendant sept ans la durée de la session prochaine. Aussi pendant sept ans les députés que vous allez nommer, pourront faire des lois sur les objets qui vous interressent le plus, sans que l'opinion puisse se manifester par de nouvelles élections. Profitez donc de l'occasion qui vous est offerte : bientôt et de long-temps vous ne serez plus consultés sur les affaires publiques.

Qu'aucune considération ne vous arrête; qu'aucune influence ne vous subjugue. Les droits d'électeurs sont aussi précieux qu'ils sont honorables : c'est en méconnaître la dignité que de les négliger ou de les exercer sans indépendance.

N'en croyez pas sur le choix de vos députés, les

sous-préfets, les maires, les percepteurs. Que diriez-vous d'un homme qui ayant un procès important à soutenir, aurait la folie de laisser à son adversaire l'avantage du choix de ses juges? telle est aujourd'hui votre position vis-à-vis des fonctionnaires publics. Les députés que vous allez nommer doivent examiner si l'administration est dirigée pour le bien du pays : ils doivent juger les actes des ministres, c'est-à-dire les actes des préfets, des sous-préfets, des percepteurs et de tous les fonctionnaires que les ministres nomment et font agir. N'ayez donc pas la bonhomie d'en croire ces fonctionnaires sur parole. Leurs sollicitations, leurs instructions électorales sont intéressées. Ces gens veulent garder leurs places. Voter pour ceux qu'ils vous désignent ce serait nommer leurs *compères* pour arbitre entre-vous et eux.

Comme on a semé on récolte. Vous qui ne devez qu'aux institutions nouvelles la considération et les droits dont vous jouissez aujourd'hui dans la société, n'ayez pas l'imprudence de remettre la défense de nos intérêts à des hommes qui détestent ces institutions d'égalité et qui, par les préjugés de leur naissance et de leur éducation, seraient portés à sacrifier les libertés dont nous jouissons pour rétablir leurs privilèges. Le baron, le marquis, l'ancien seigneur, l'émigré ou le fils d'émigré, tous ont des intérêts et des vœux contraires à nos intérêts et à nos vœux. Ils veulent ravoir les terres et l'autorité qu'ils avaient autrefois : ils veulent ressusciter l'ancien régime dont nous ne voulons plus; ils veulent renverser le régime actuel dont nous sommes satisfaits. Comment pourraient-ils exécuter fidèlement le mandat que nous leur donnerions? si mon voisin est jaloux de la prospérité de mes récoltes, ce n'est pas à lui que je confierai le soin de labourer et de semer mes terres.

Gardez-vous aussi de donner vos voix à ces intrigans politiques qui ne veulent être nommés que pour travailler à leur fortune particulière, qui ont des places à obtenir ou à conserver, et qui, pour obtenir ou conserver ces places, se feront les serviteurs des ministres. Les ministres sont les comptables de la nation : quand vos fermiers vous doivent des comptes, ce ne sont pas les valets qui sont ou veulent être à leurs gages que vous choisissez pour débattre ces comptes et stipuler vos intérêts.

Aujourd'hui, il est vrai, les nobles de l'ancien régime vous accablent de leurs prévenances. Avec vous, ils protestent de leur amour pour la Charte. Les intriguans politiques promettent de ne s'occuper que de vos intérêts. Mais si vous vous laissez tromper par ces belles paroles, ils ne seront pas plutôt nommés qu'ils oublieront leurs promesses. Candidats, ils sont affables et désintéressés. Députés, ils reprendront leur orgueil et leur ambition. Alors, ils ne songeront plus qu'à eux-mêmes, qu'à leur famille, qu'à leur parti. Pour eux, ils voudront des honneurs et des places ; pour leurs familles, ils voudront des honneurs et des places ; pour leur parti, ils voudront des places et des priviléges. Et c'est nous autres, dupés trop crédules, qui payerons ces places, c'est sur la ruine de nos libertés que ces priviléges seraient établis.

Tel sera le résultat de votre confiance dans les hommes de l'ancien régime et dans les intriguans qui se sont associés à leurs projets. Ne vous laissez donc pas tromper par le masque qu'ils ont pris la veille des élections.

Ils parlent au nom du Roi : ils se disent les royalistes par excellence, comme si parler de royalistes, lorsque le trône n'est pas attaqué, ce n'était pas (chose odieuse !) faire supposer que le Roi est à la tête d'un parti qui n'est pas le parti de la France. Mes amis, ne vous laissez pas abuser par de vains mots. Dans la bouche des hommes de l'ancien régime, le nom sacré du Roi couvre des projets aussi funestes au Roi qu'à la France elle-même.

Ne servez pas le roi autrement qu'il ne veut être servi.

Le Roi nous a donné la Charte il en veut donc le maintien.

Le Roi a établi en France le gouvernement représentatif, il veut donc que les véritables intérêts du peuple et non ceux d'un parti qui sépare sa cause de celle du peuple, soient représentés par les députés des départemens.

Le Roi a ordonné des élections générales, il a donc voulu connaître le vœu de la France. Il veut donc que ce vœu se manifeste librement par le choix des députés.

Que ces simples réflexions vous guident.

Notre cause, la cause de la France entière contre le parti de l'ancien régime a d'anciens défenseurs qui s'offrent pour soutenir encore nos intérêts. Ces hommes ont fait leurs preuves, et ce n'est pas d'hier qu'ils se montrent les amis de la Charte. Comme ils n'ont pas de places à conserver et qu'ils ne demandent ni biens, ni honneurs, ni priviléges, ils ne craignent pas de se brouiller avec les ministres en combattant leurs projets ou en vérifiant leurs calculs.

Leur vie passée répond de leur conduite à venir. Leurs intérêts, leurs desirs sont les vôtres; Electeurs des campagnes, voilà les mandataires que vous devez choisir. Ainsi, vos votes seront l'expression fidèle de nos besoins et de nos vœux, et le choix de nos députés ne pourra déplaire au Roi, puisque le Roi qui ne sépare pas ses intérêts de ceux de la nation, a voulu connaître nos besoins et nos vœux dans toute leur étendue.

FIN.